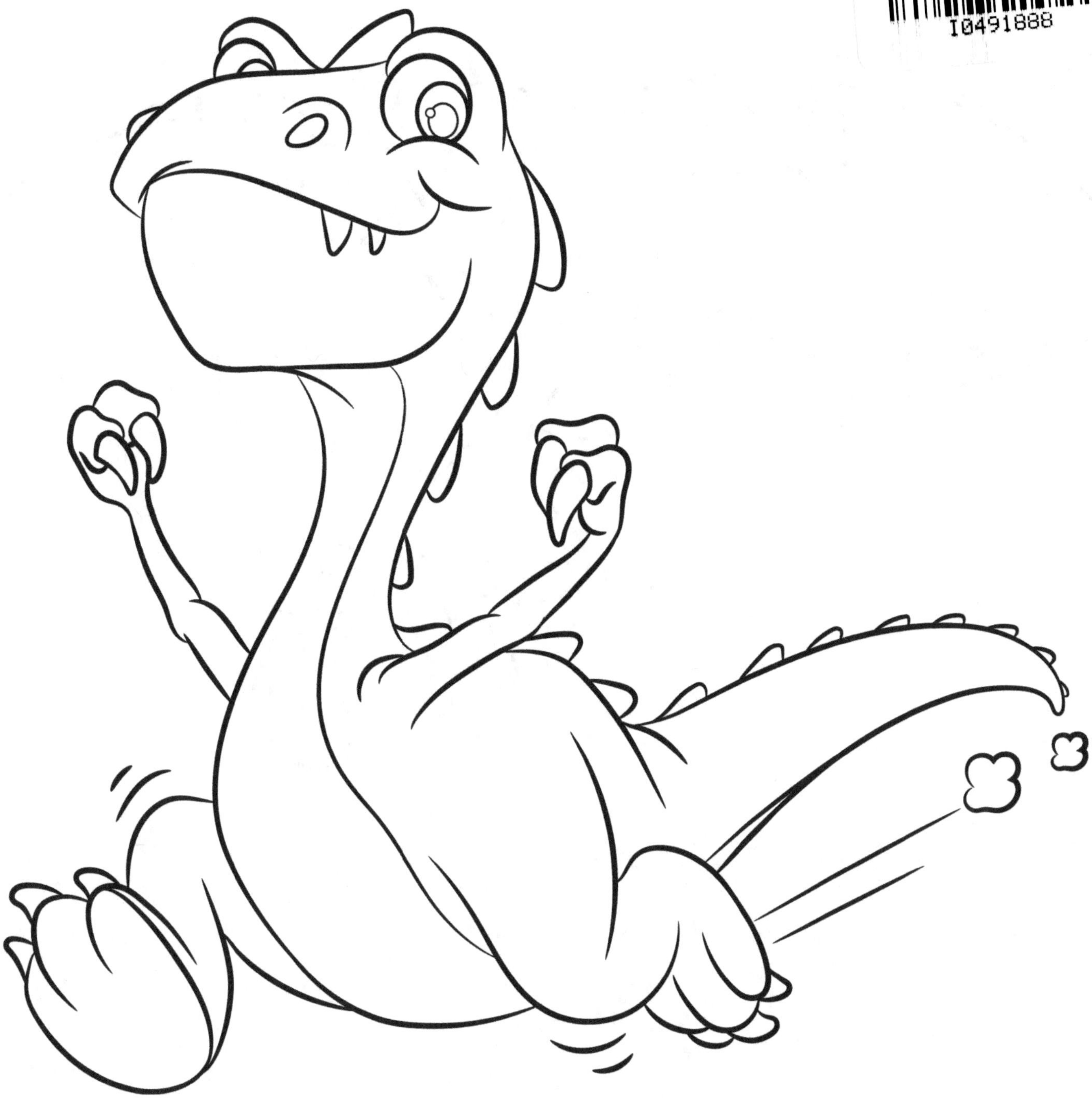

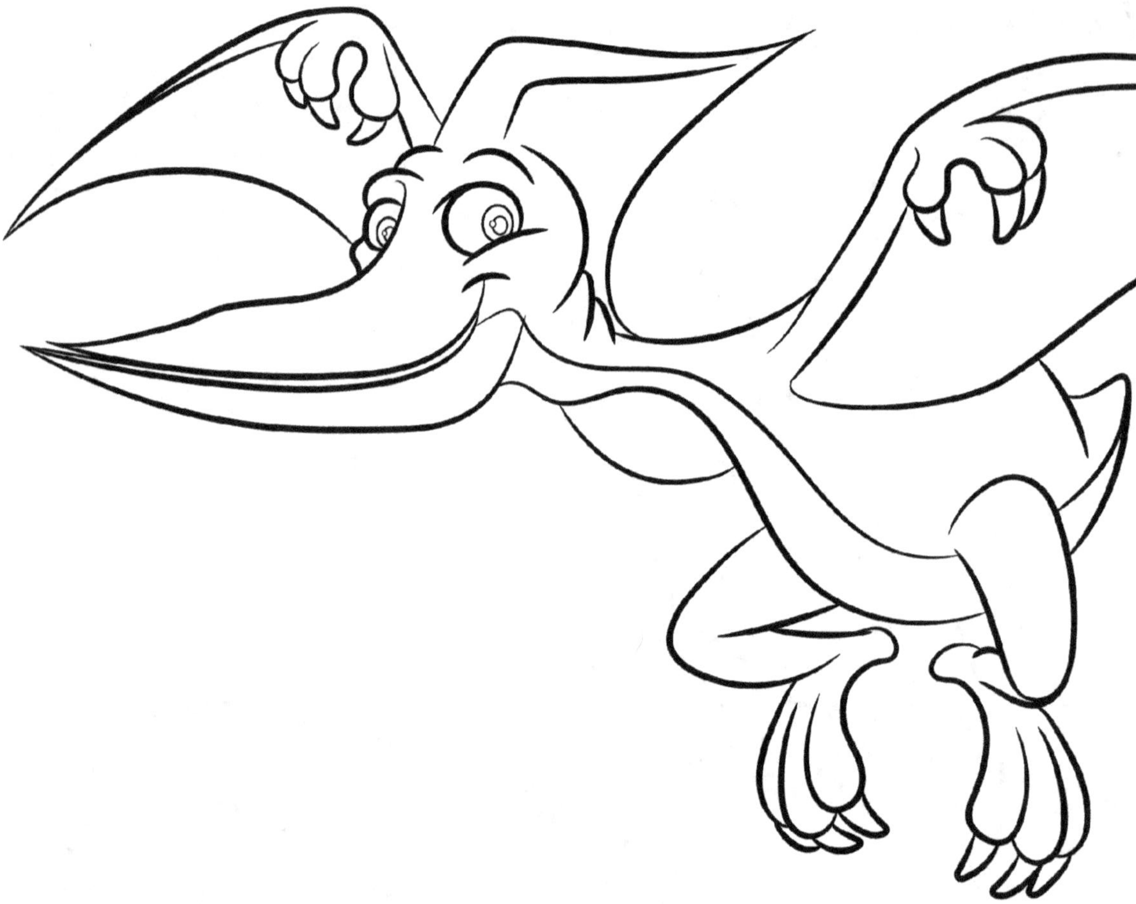

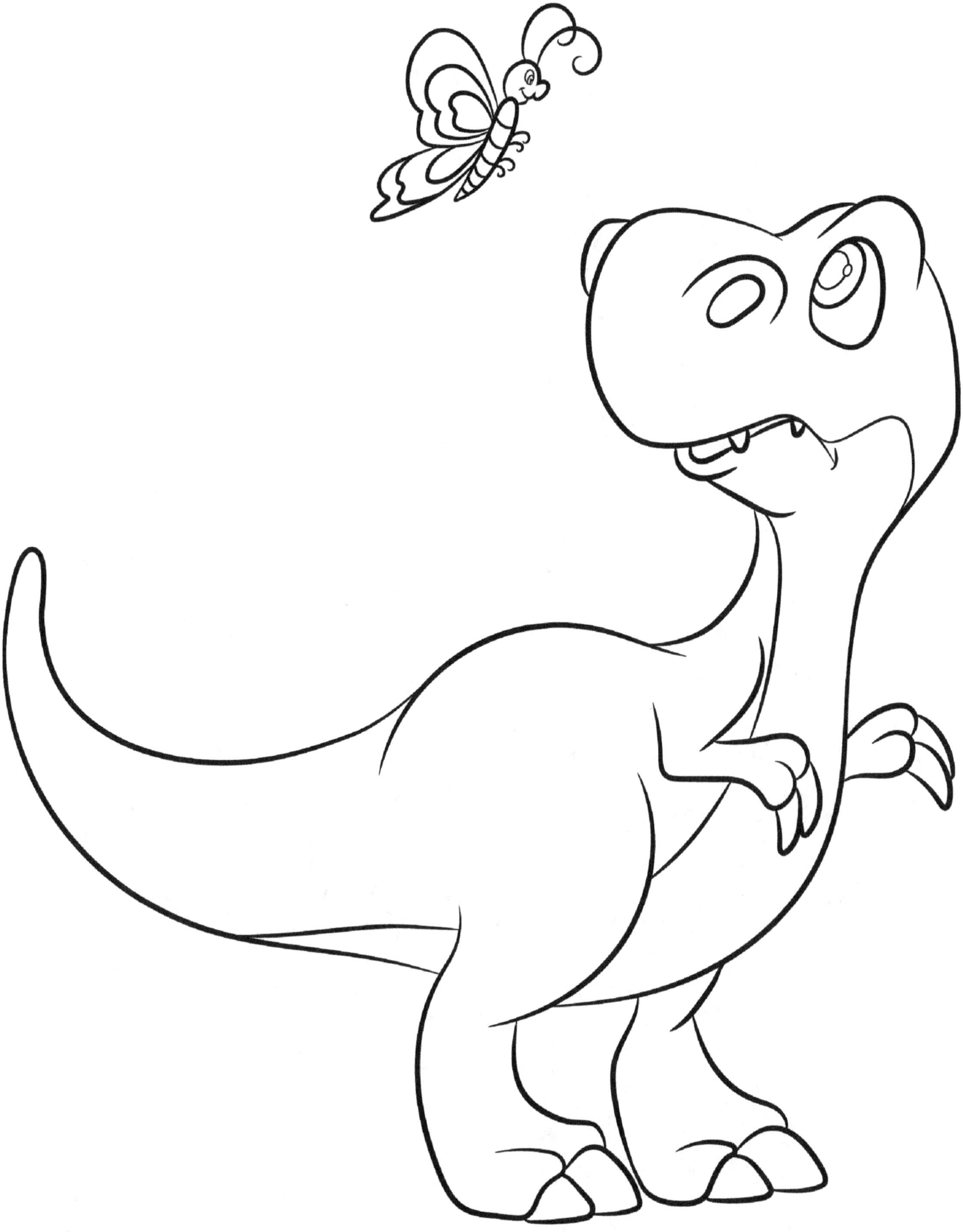

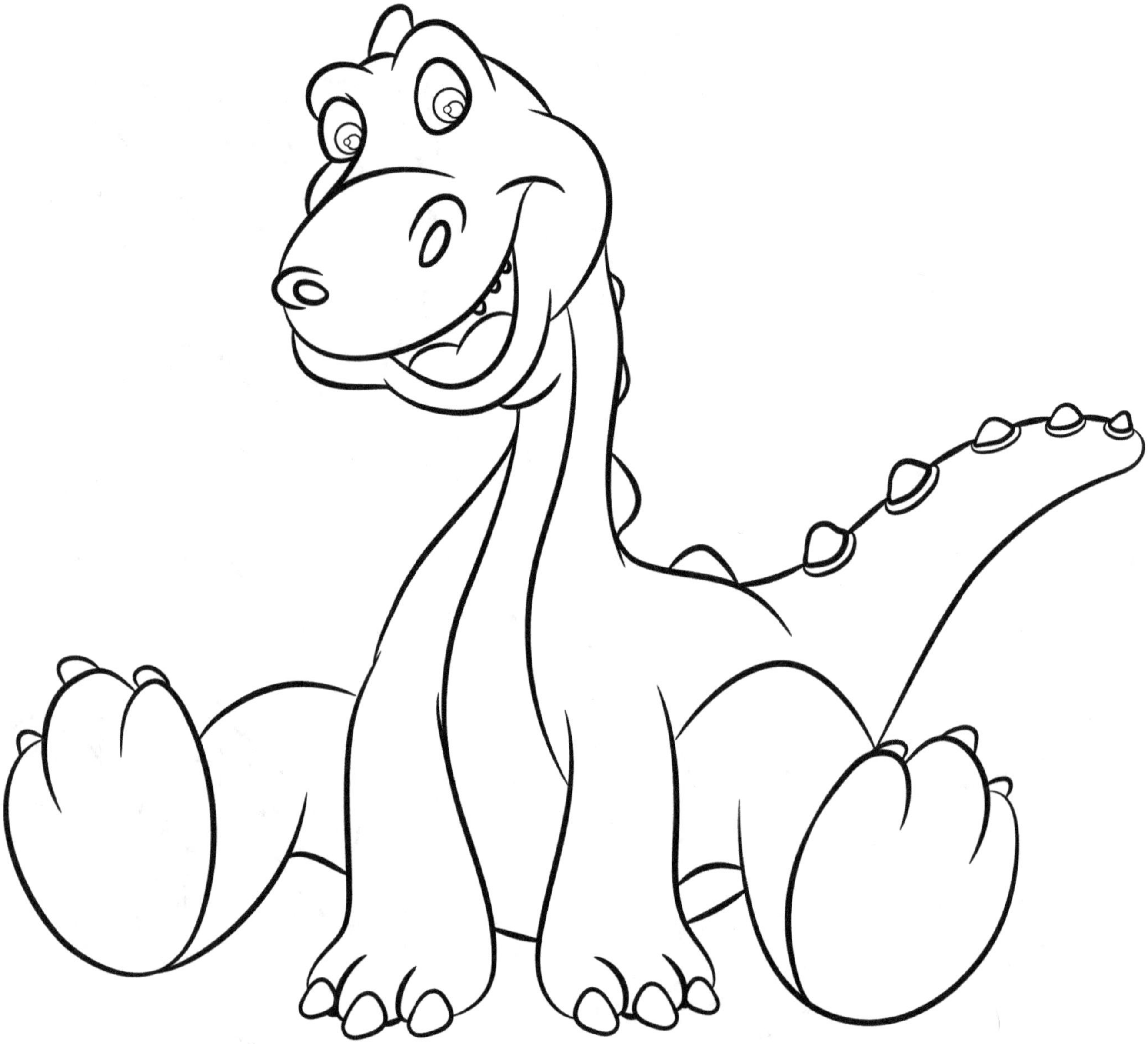

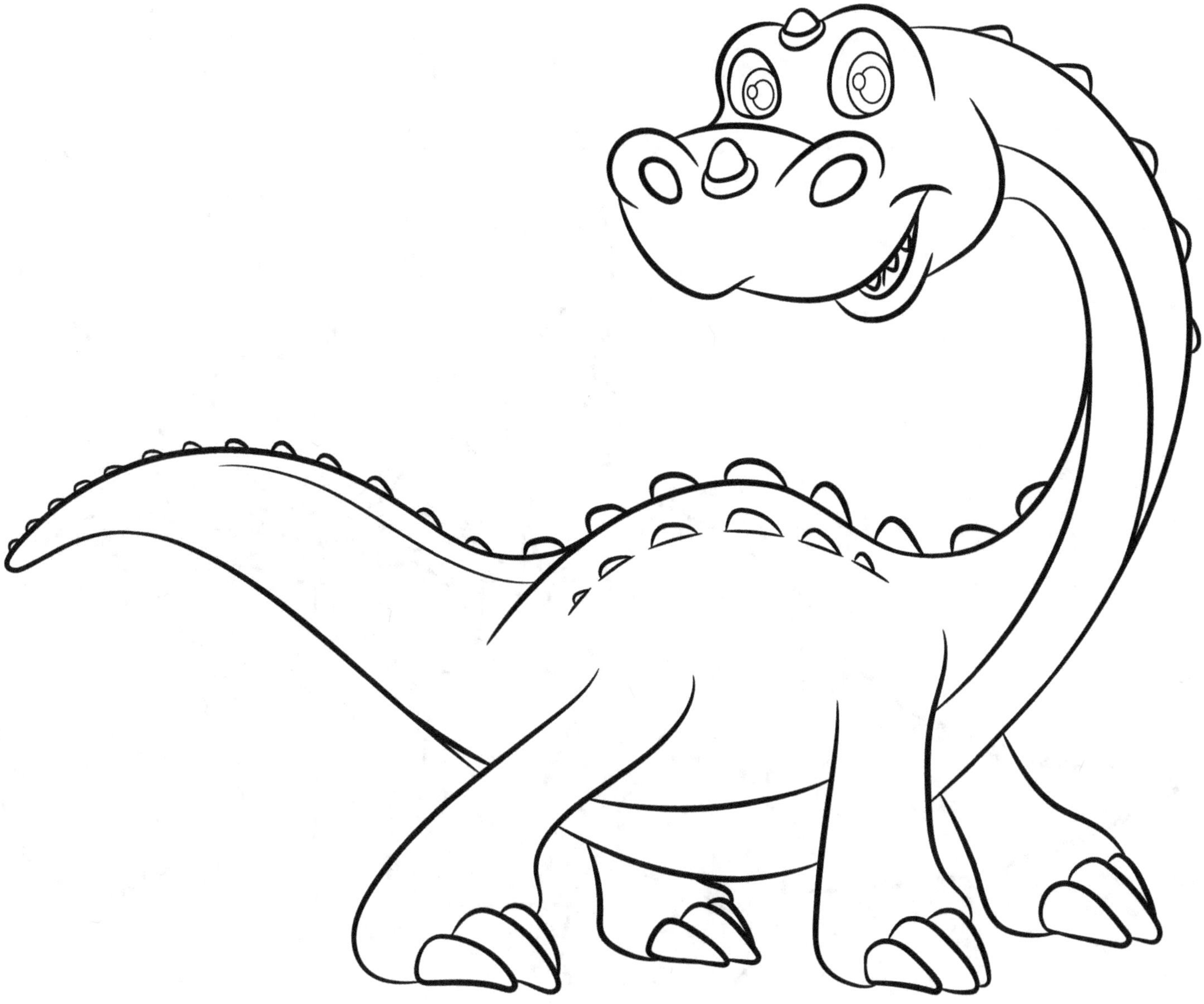

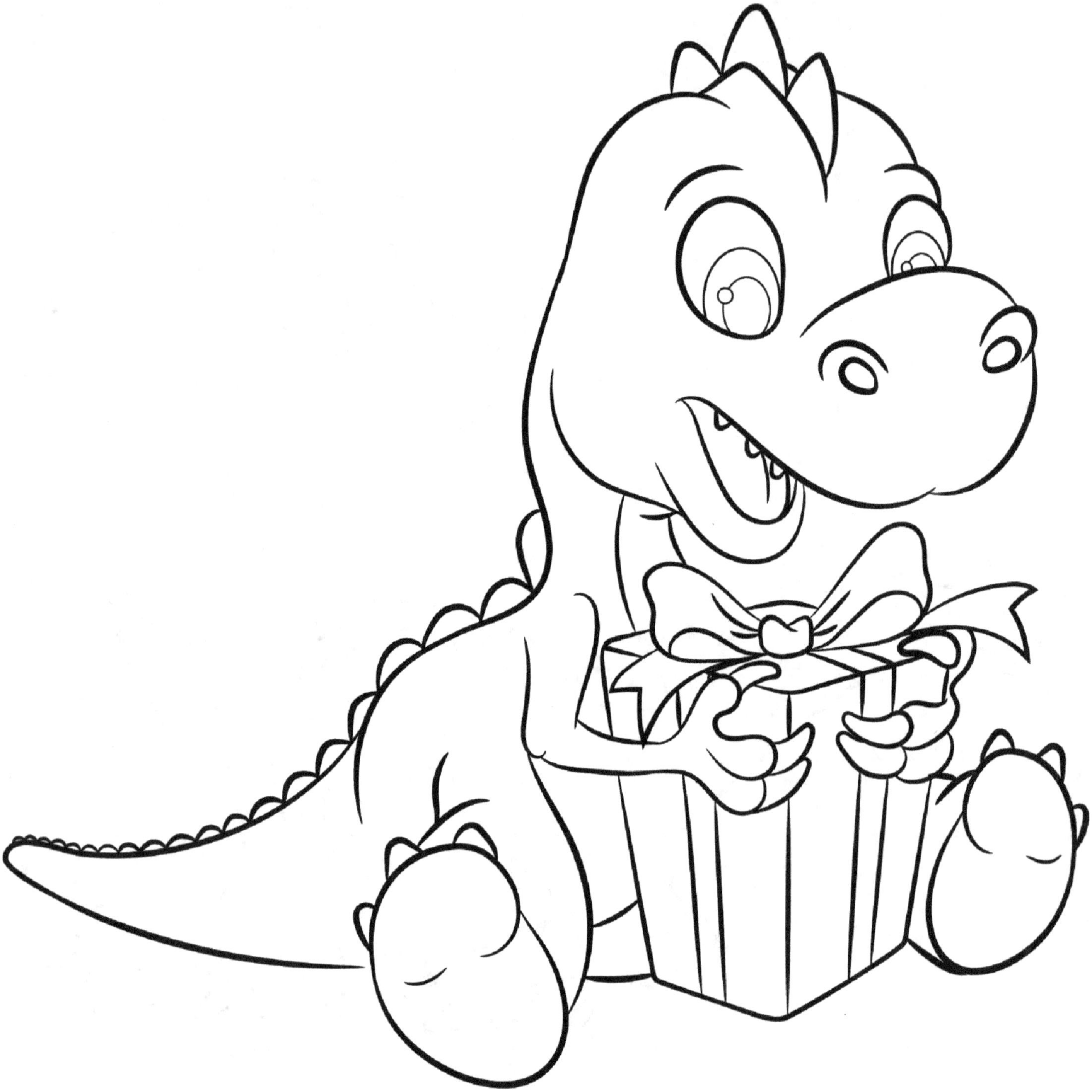

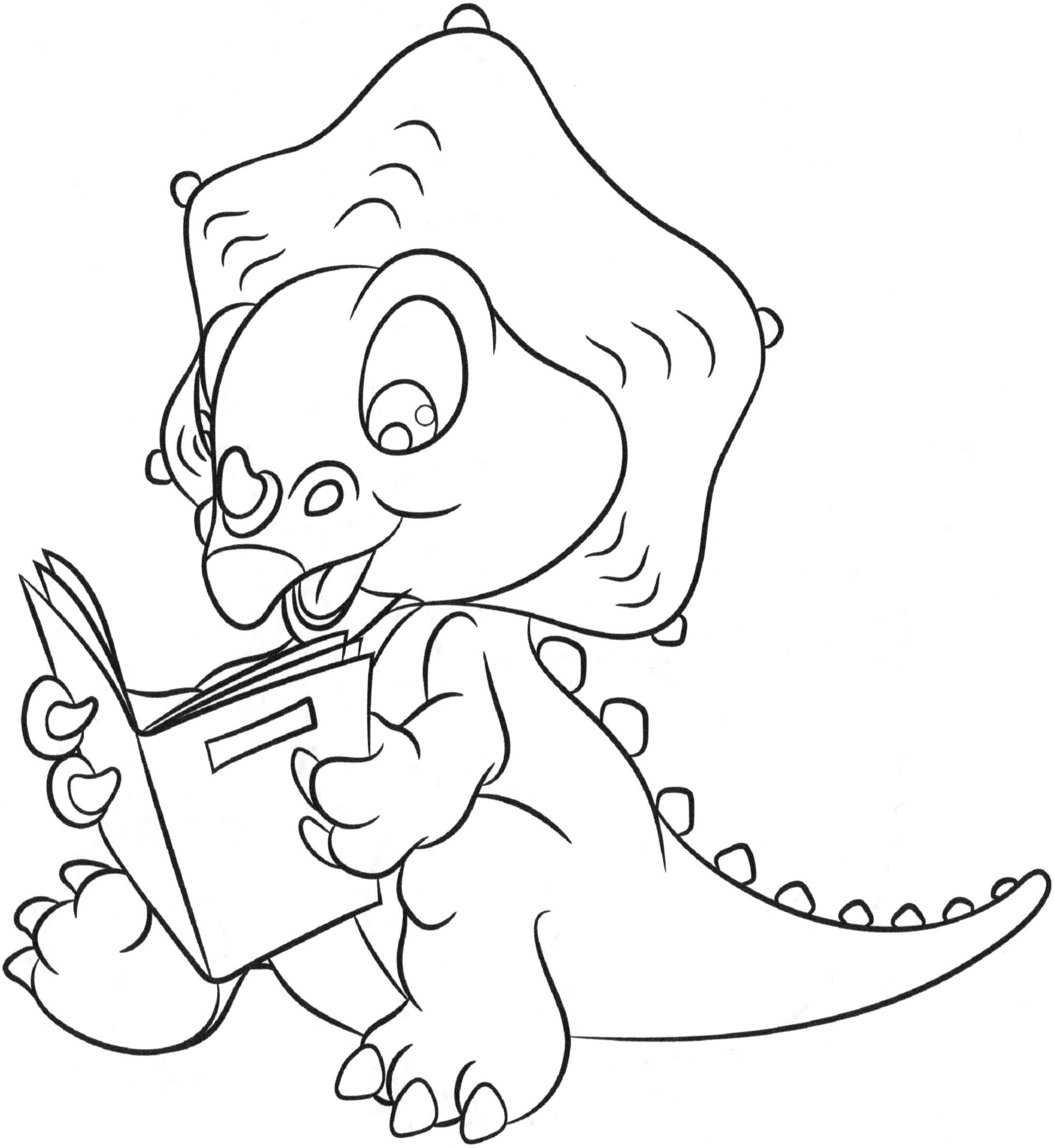

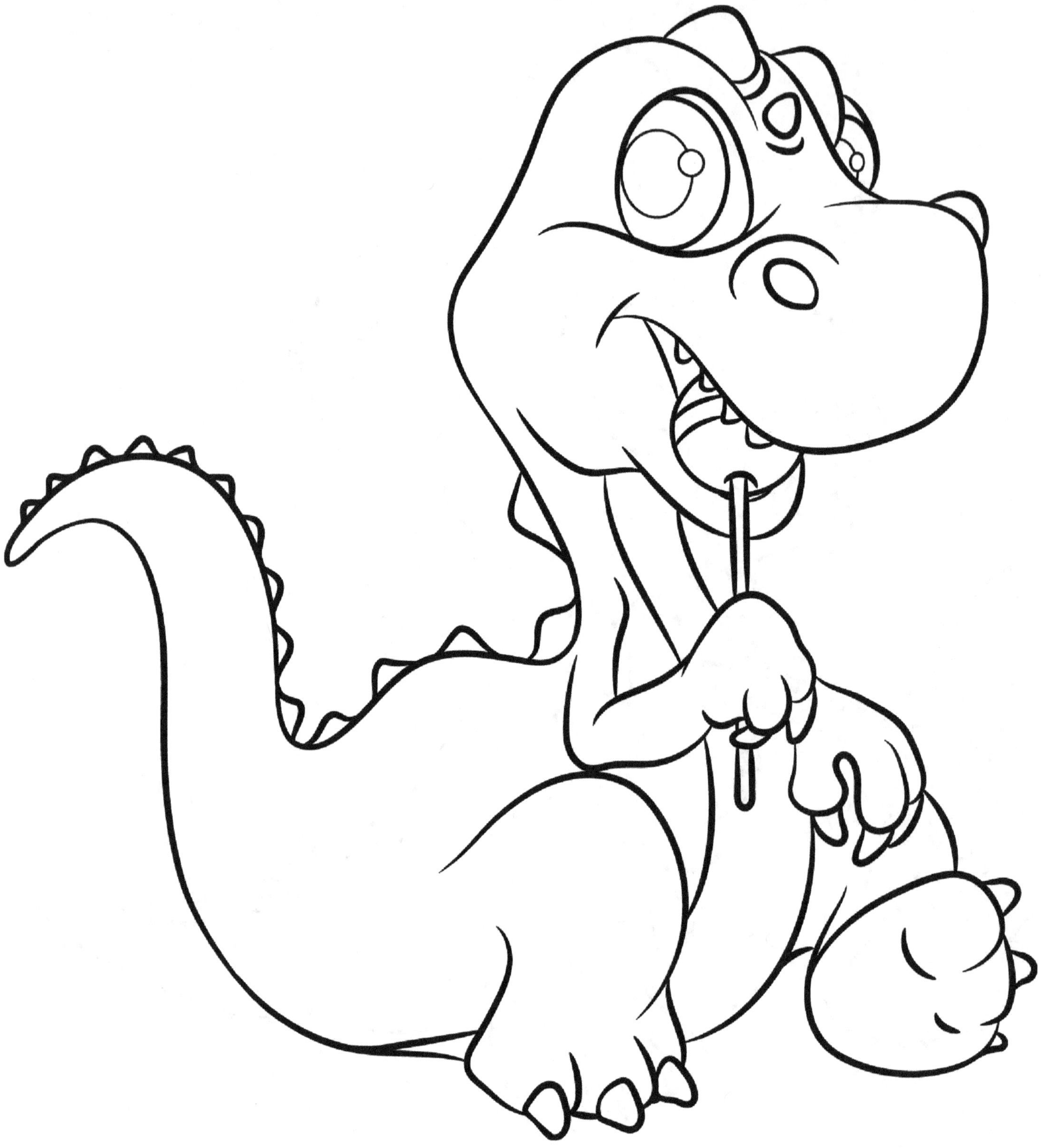

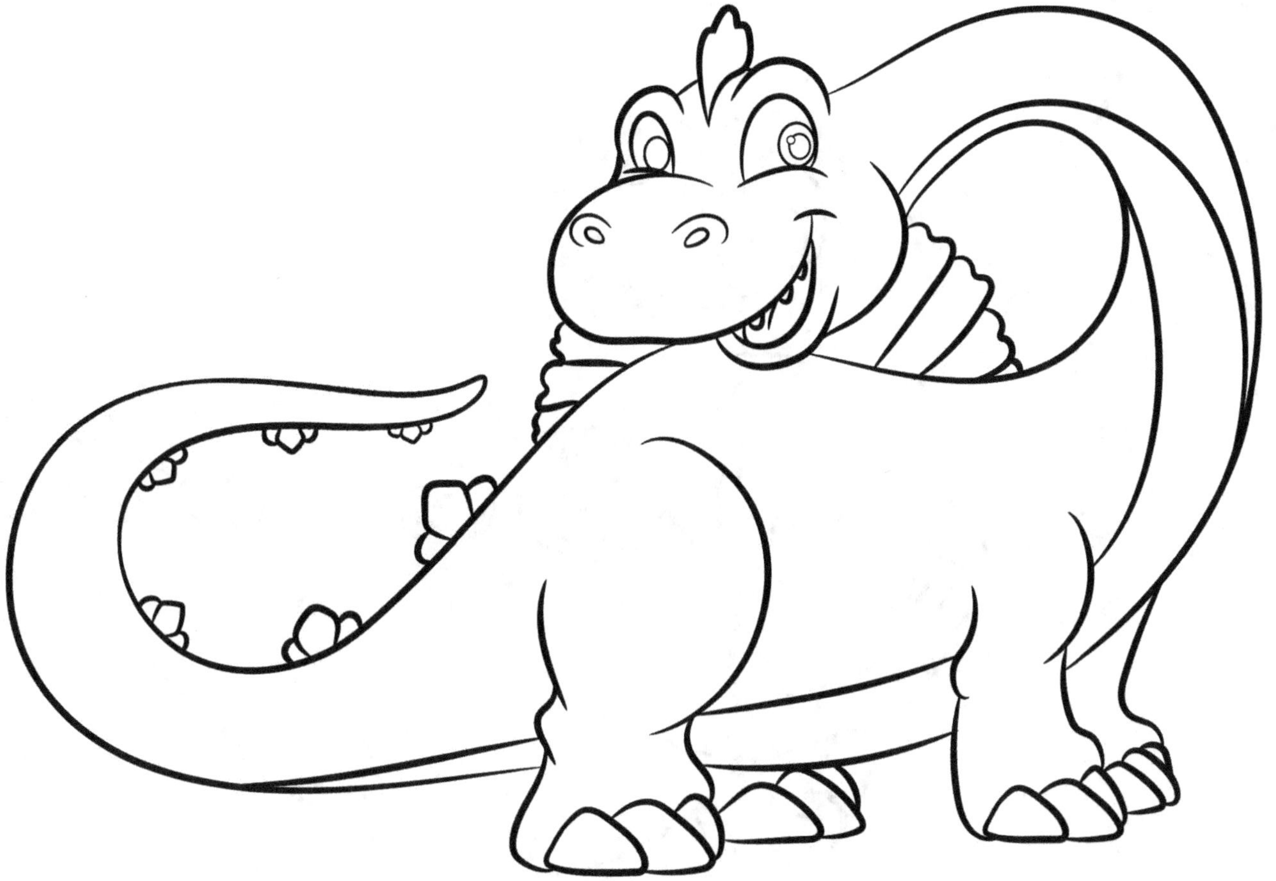

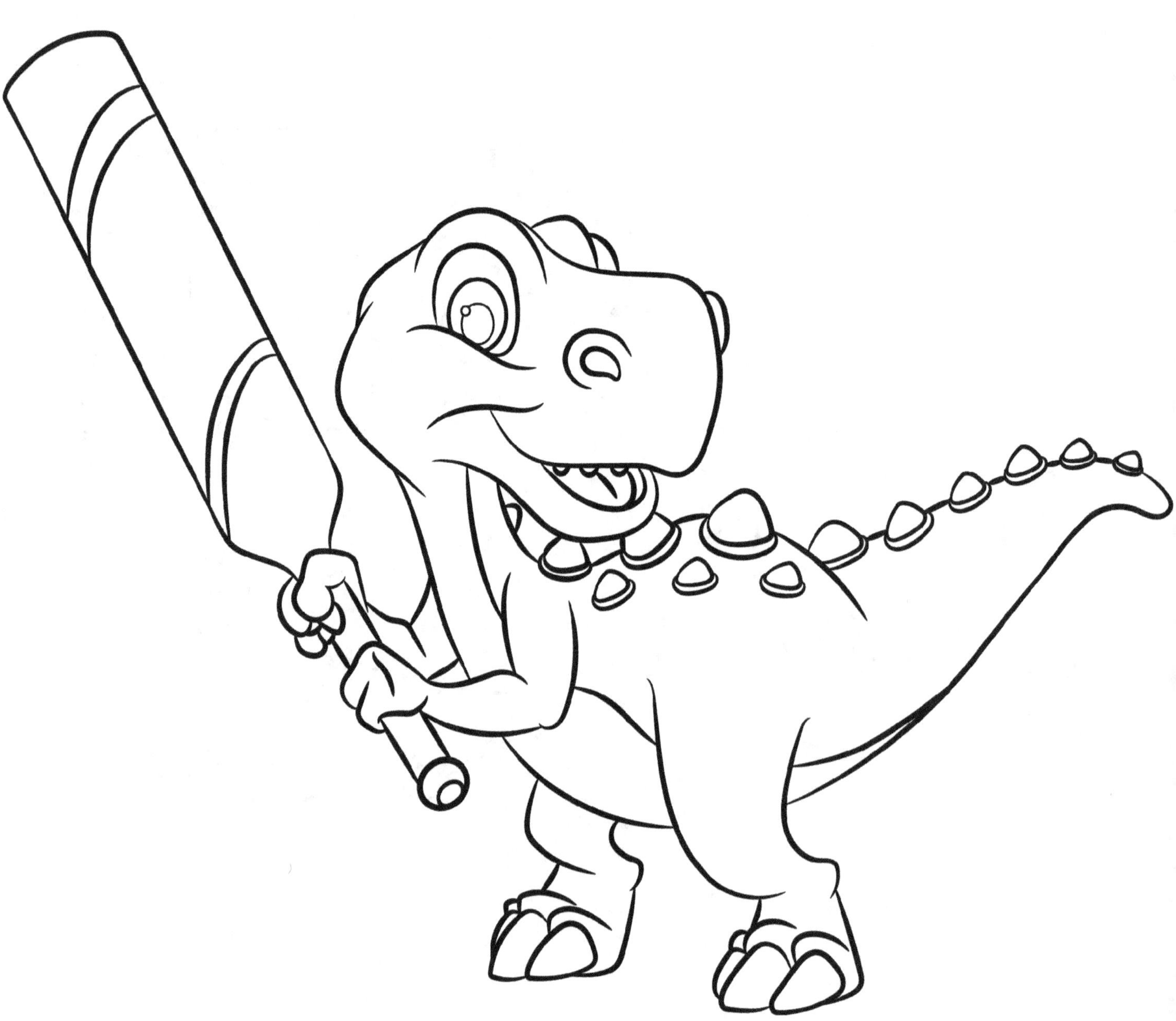

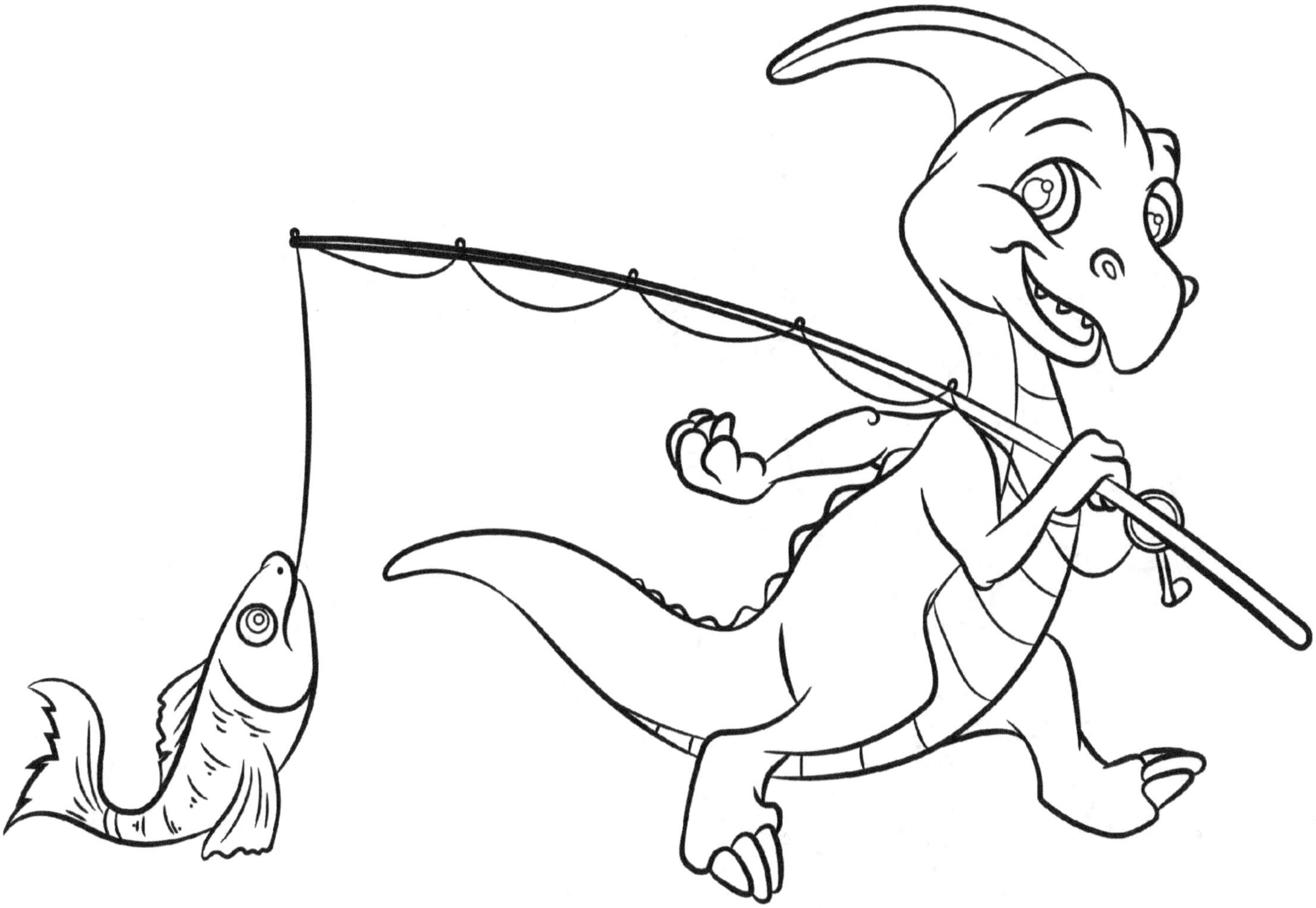

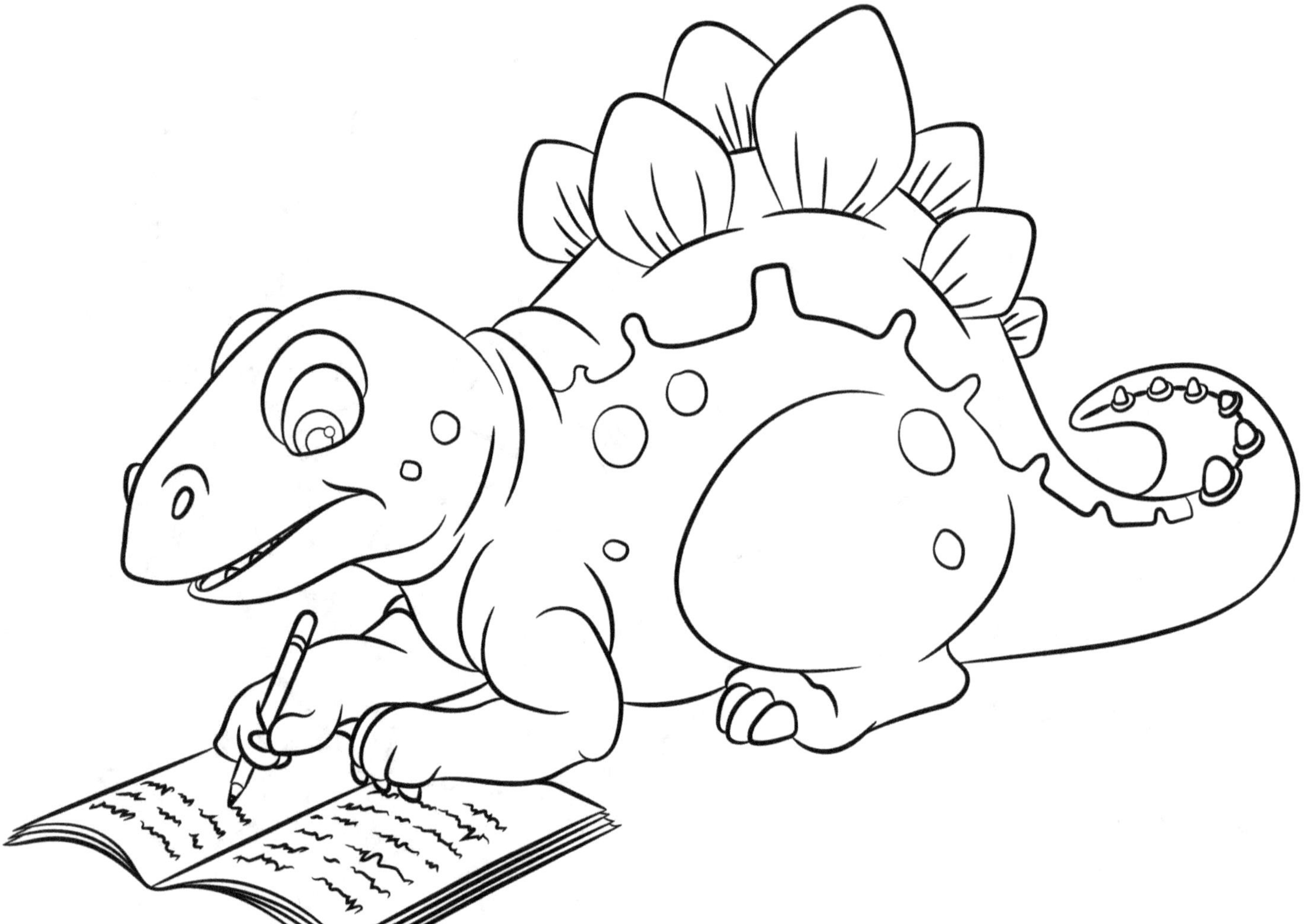

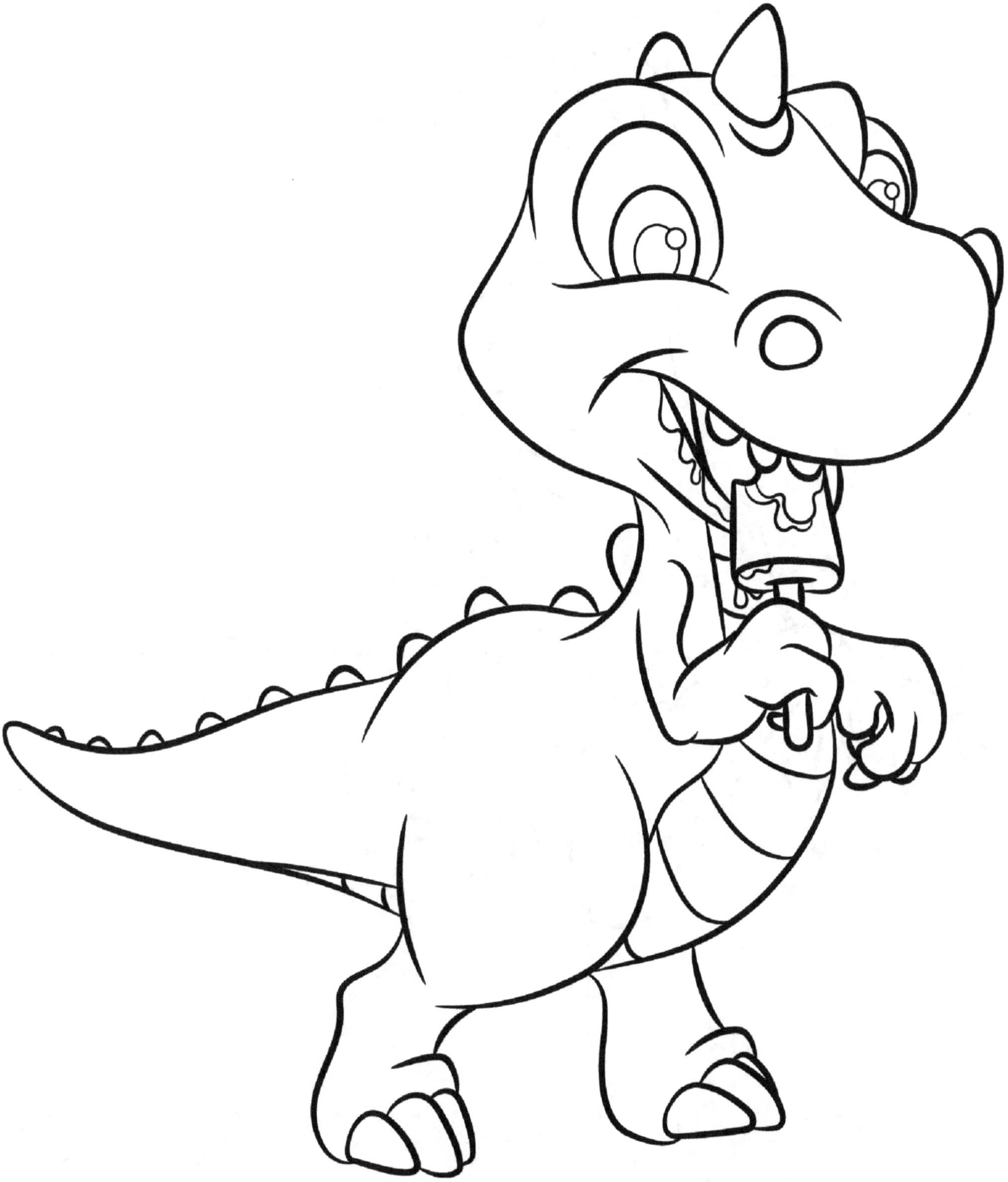

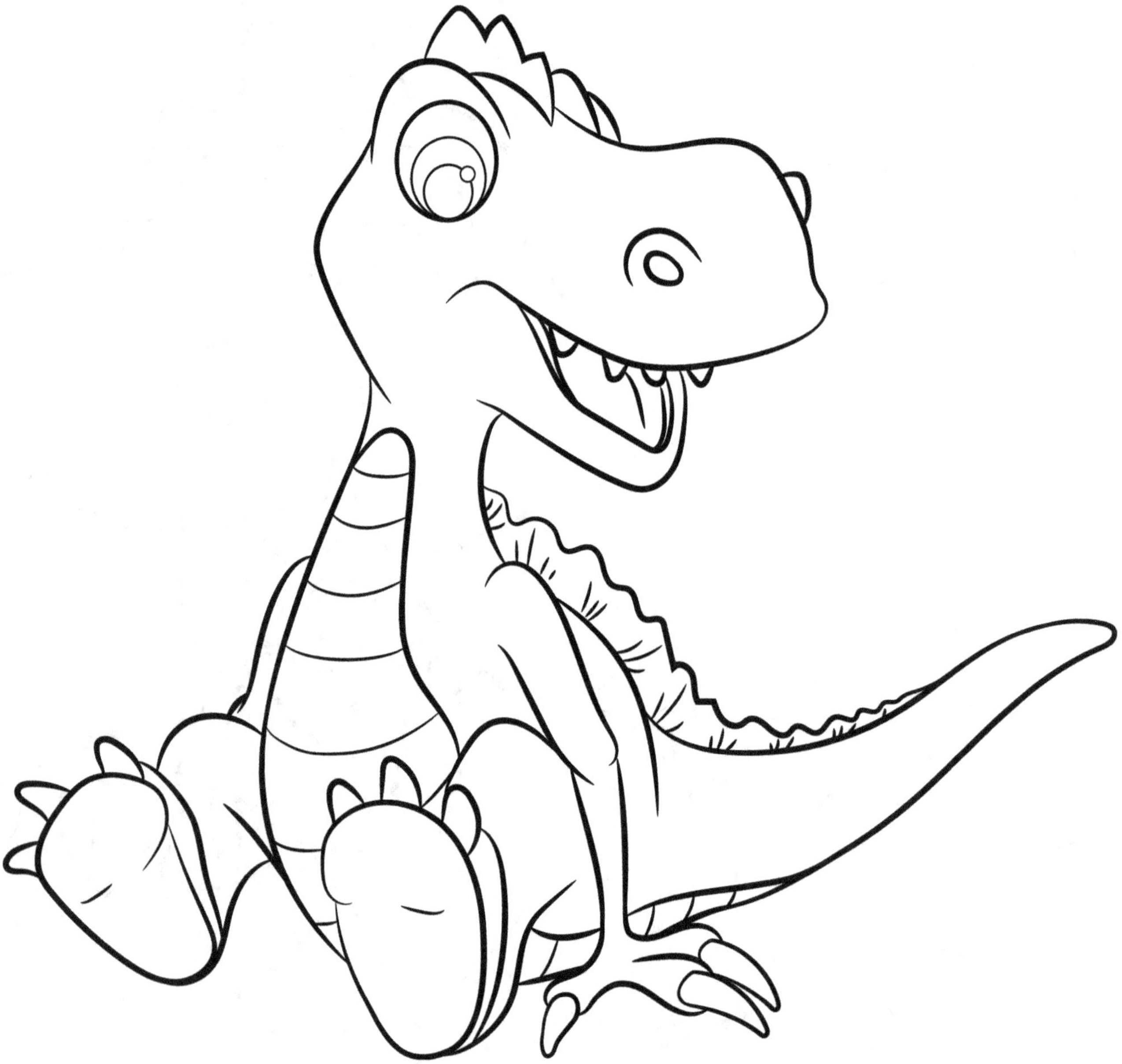

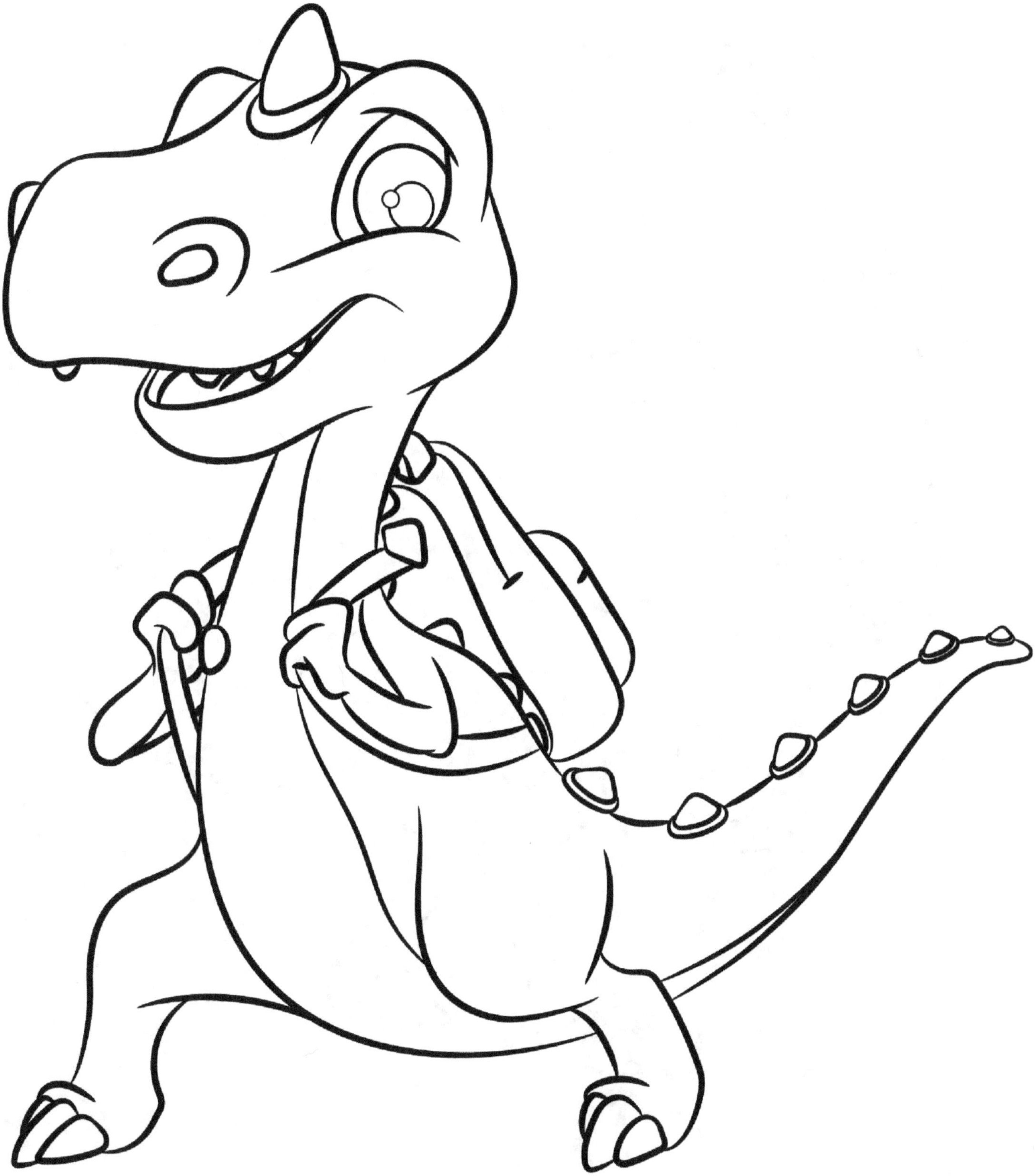

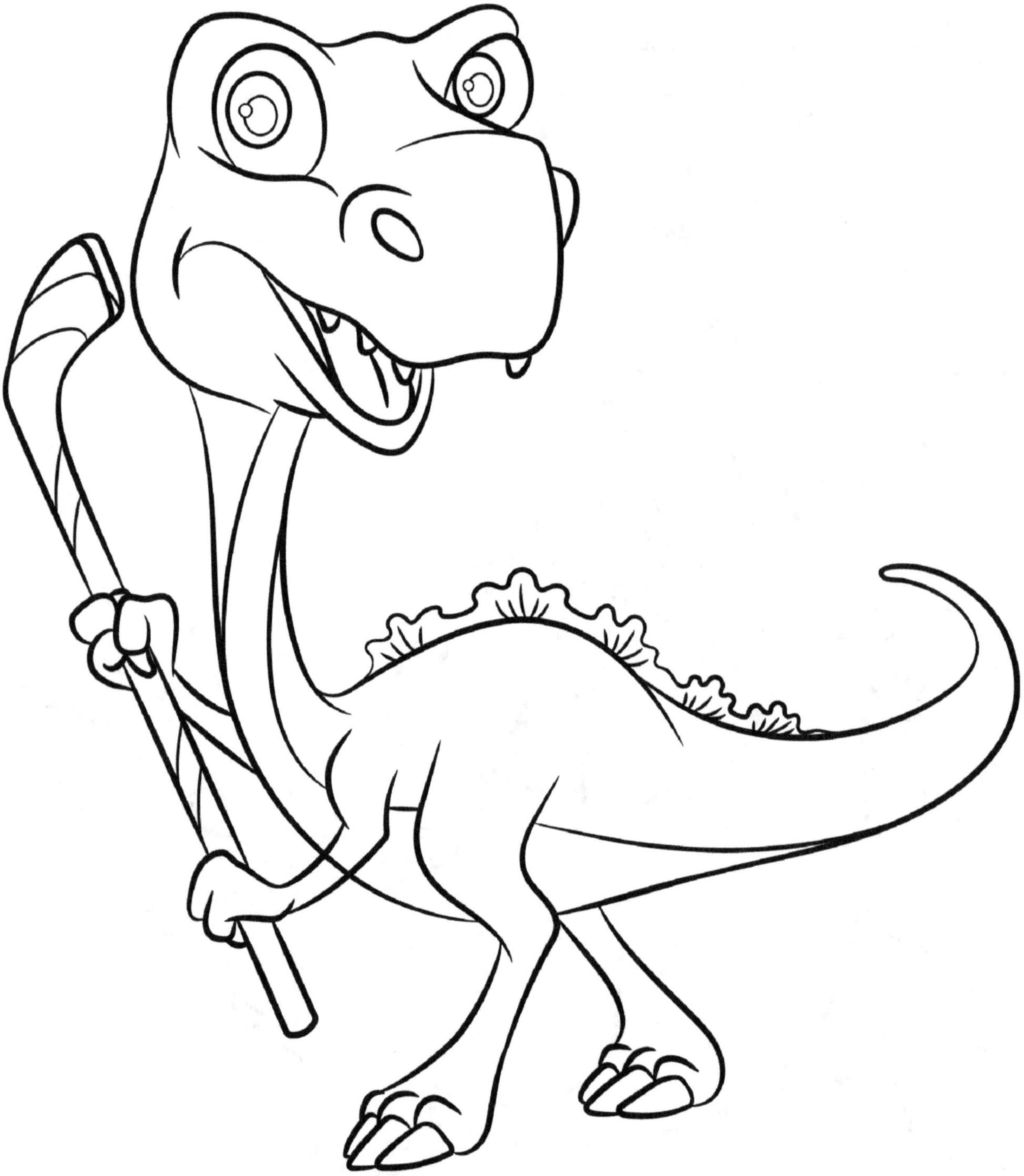

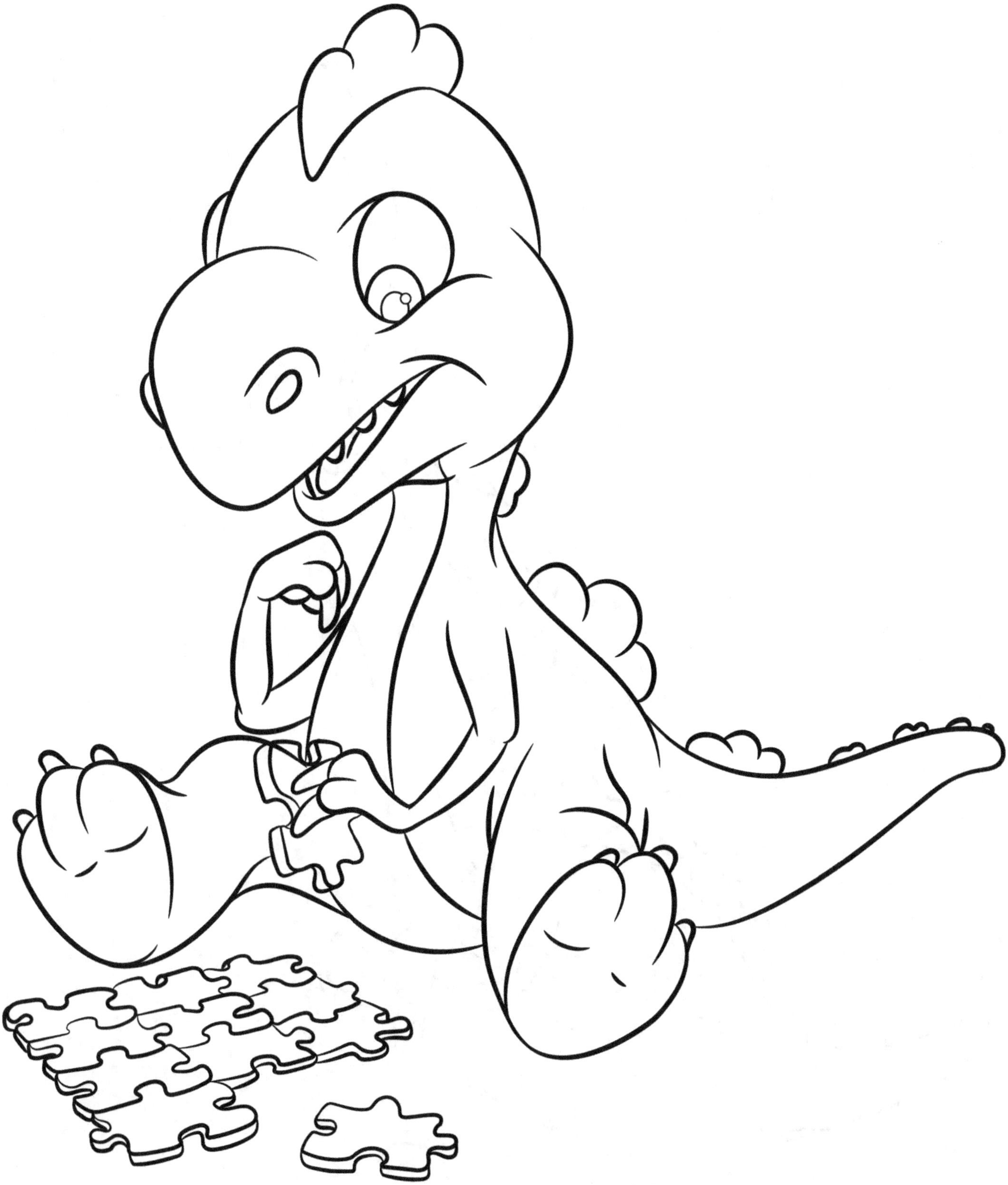

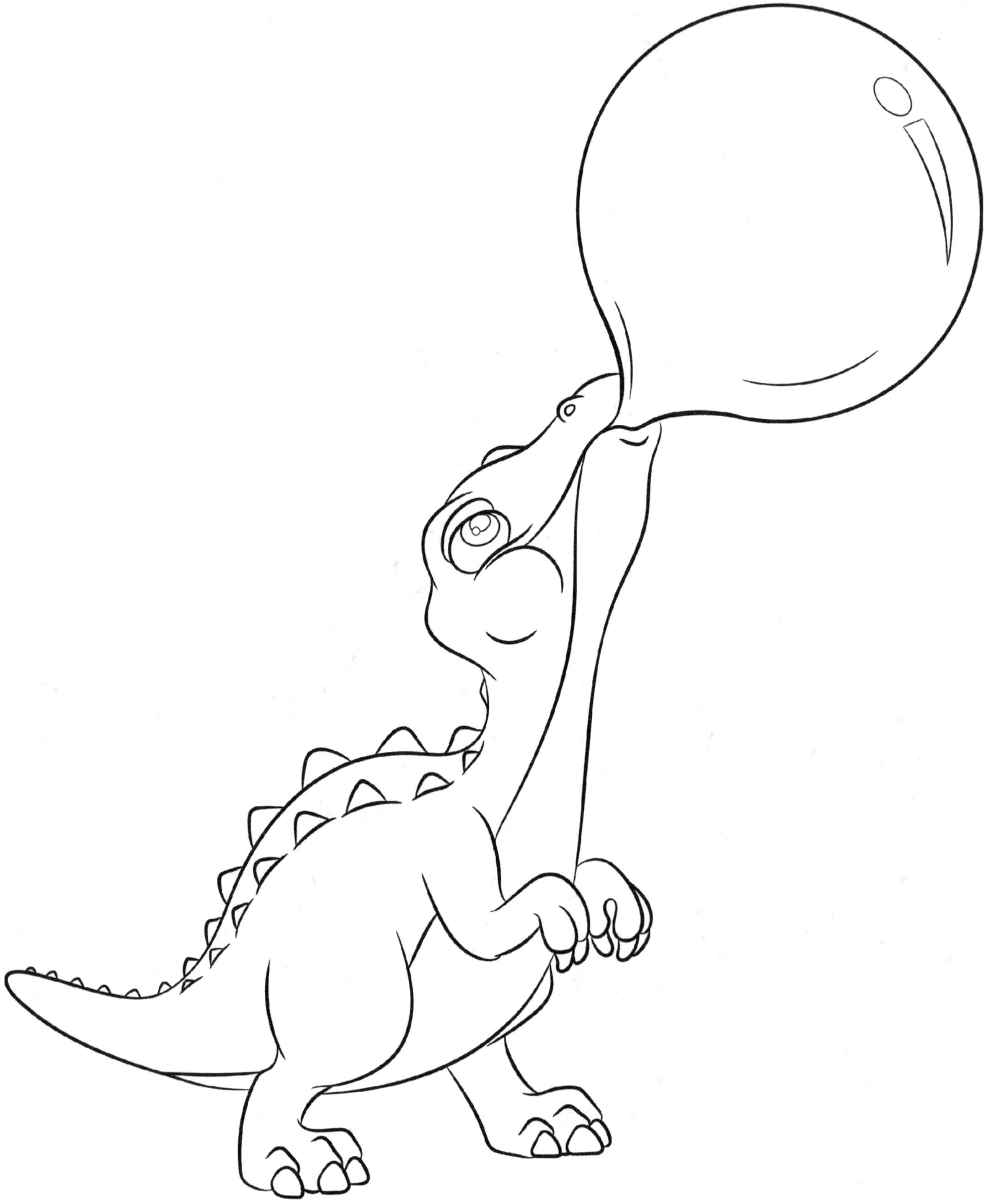

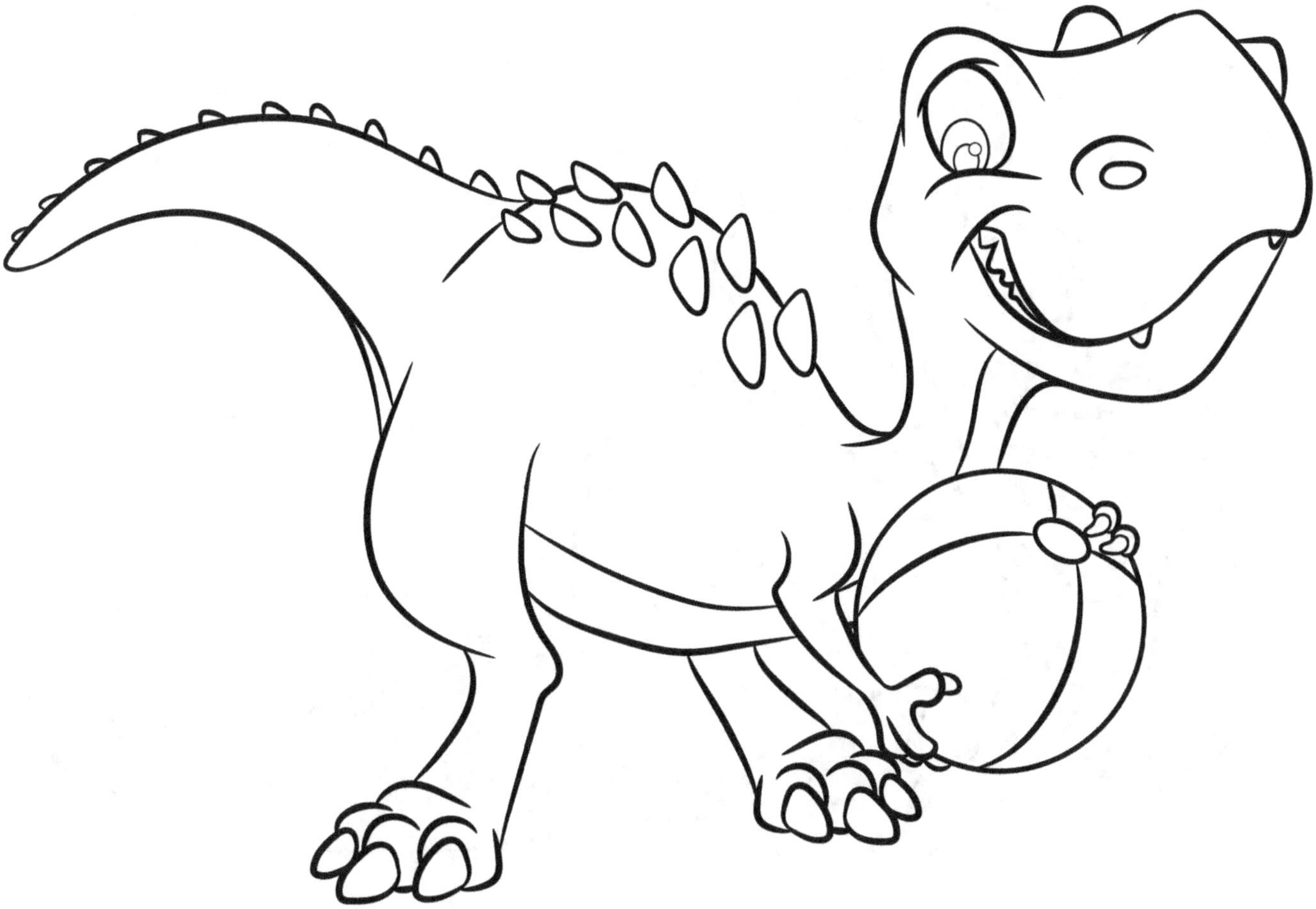

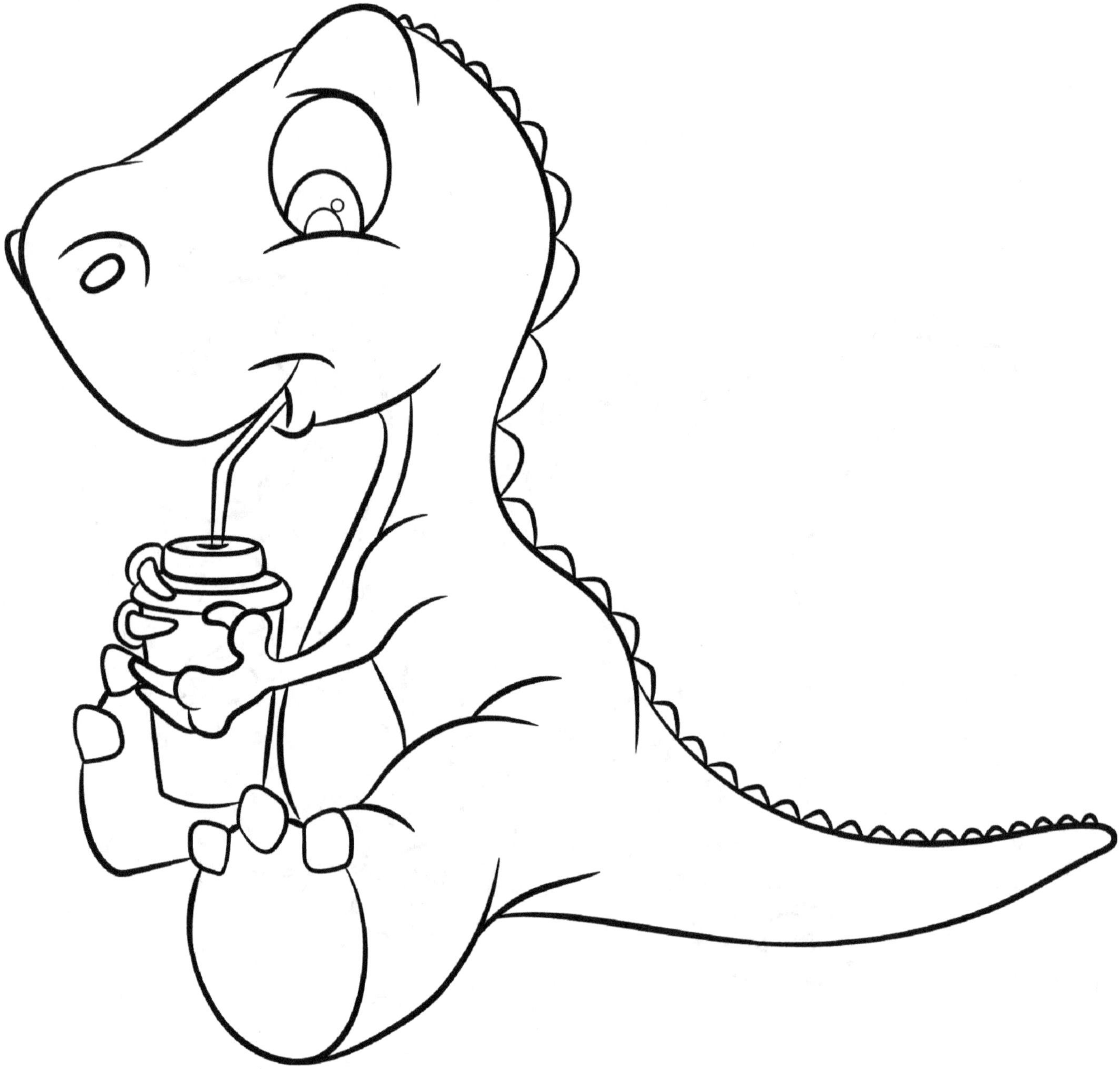

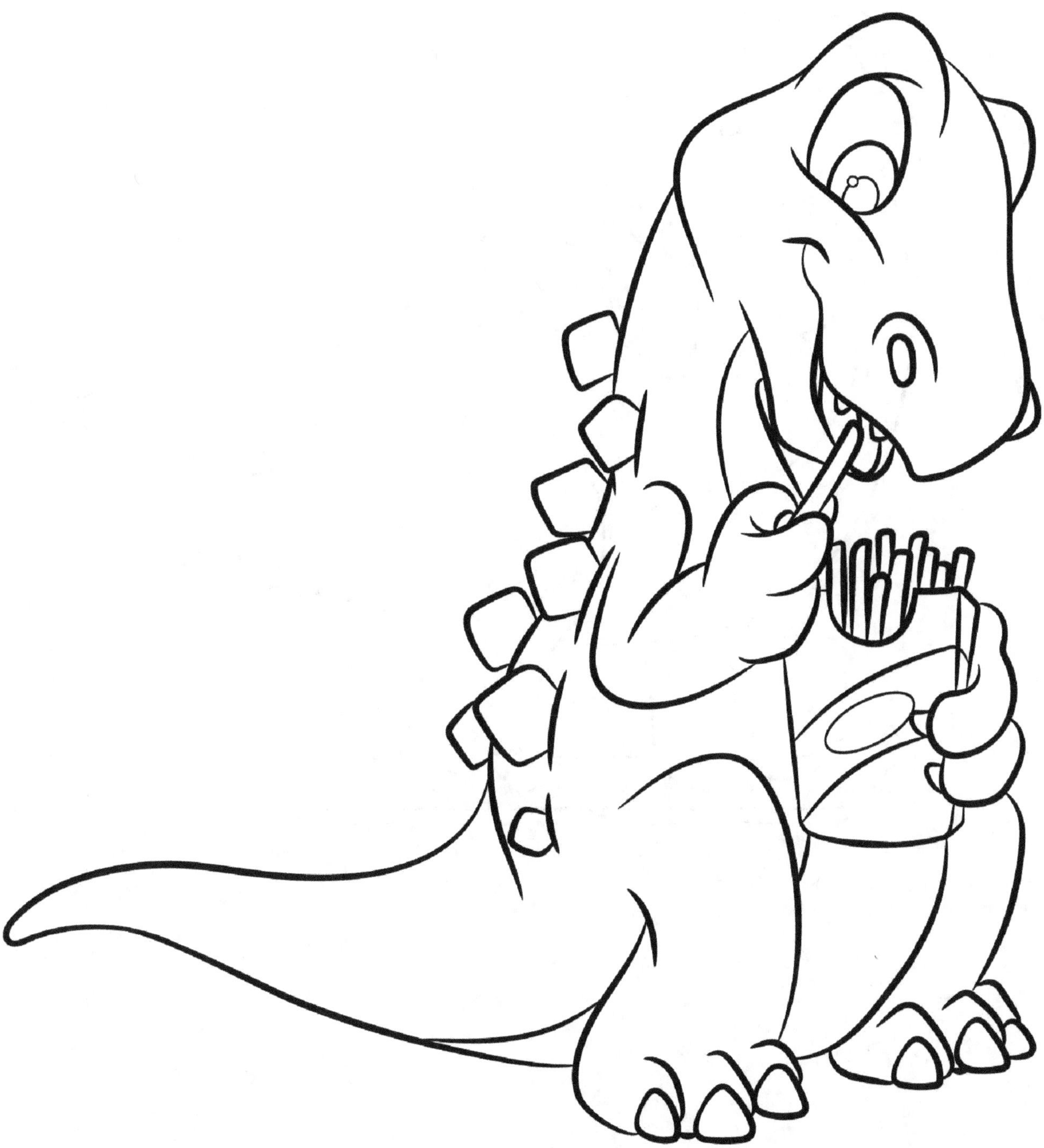

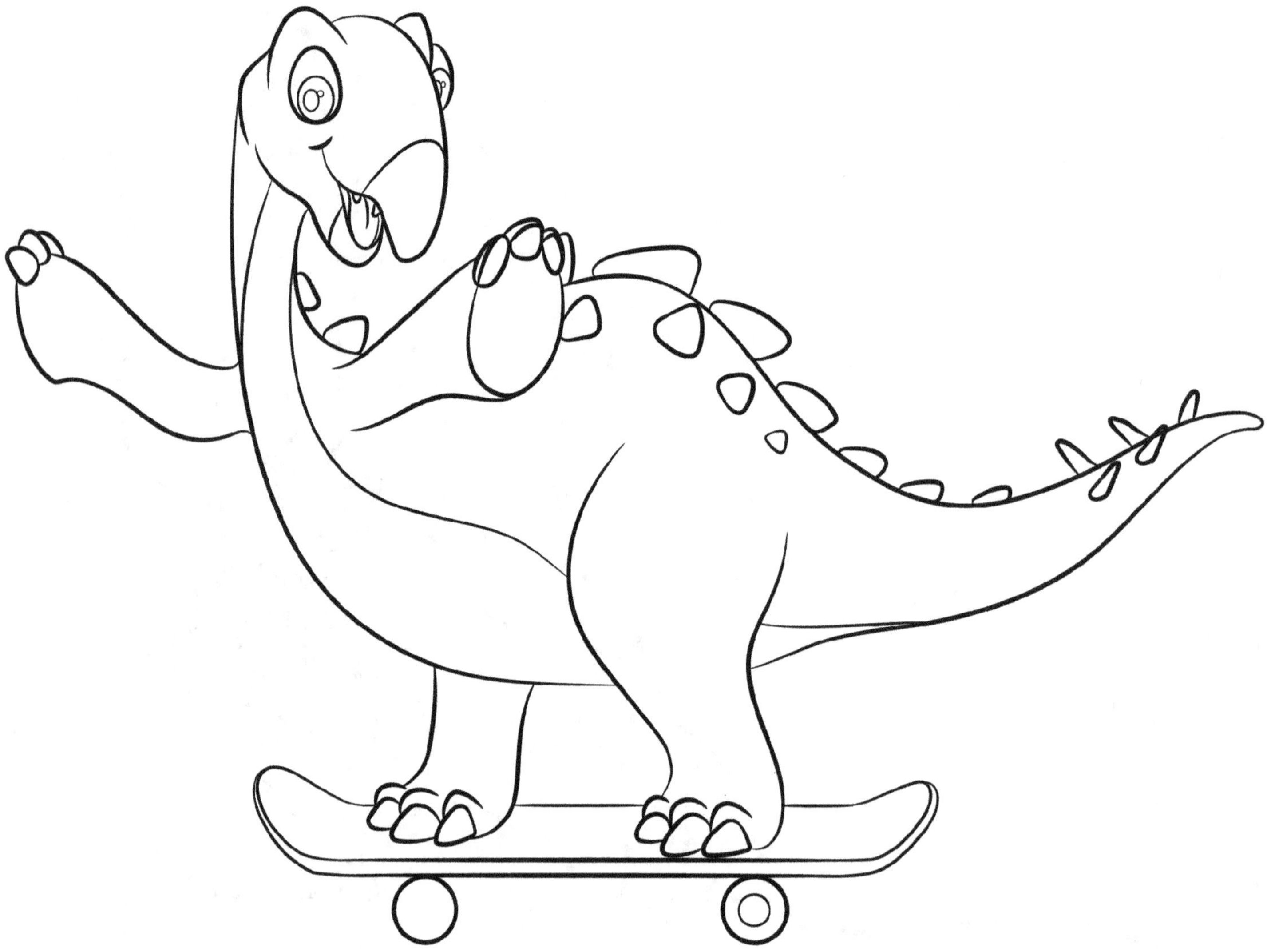

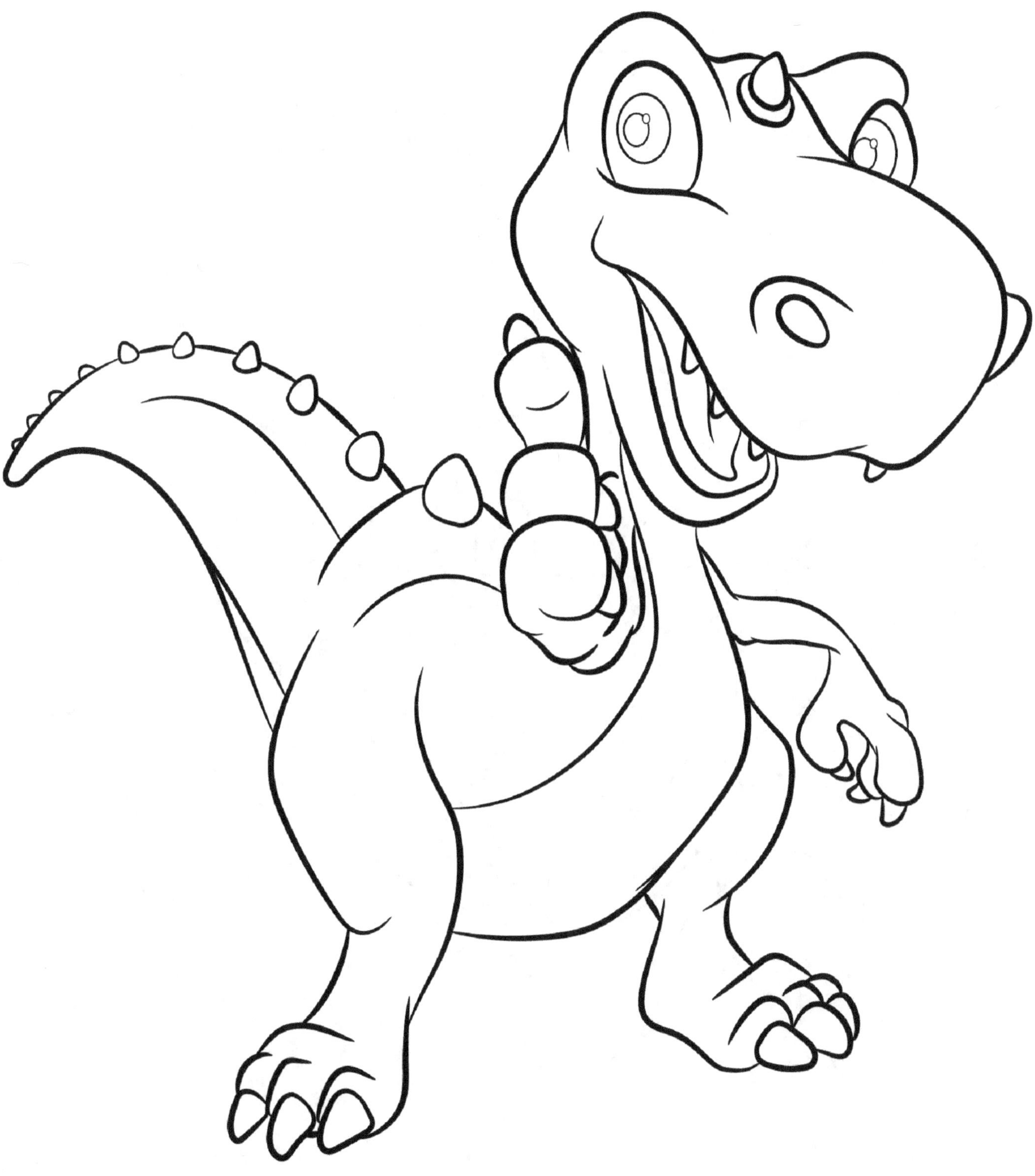

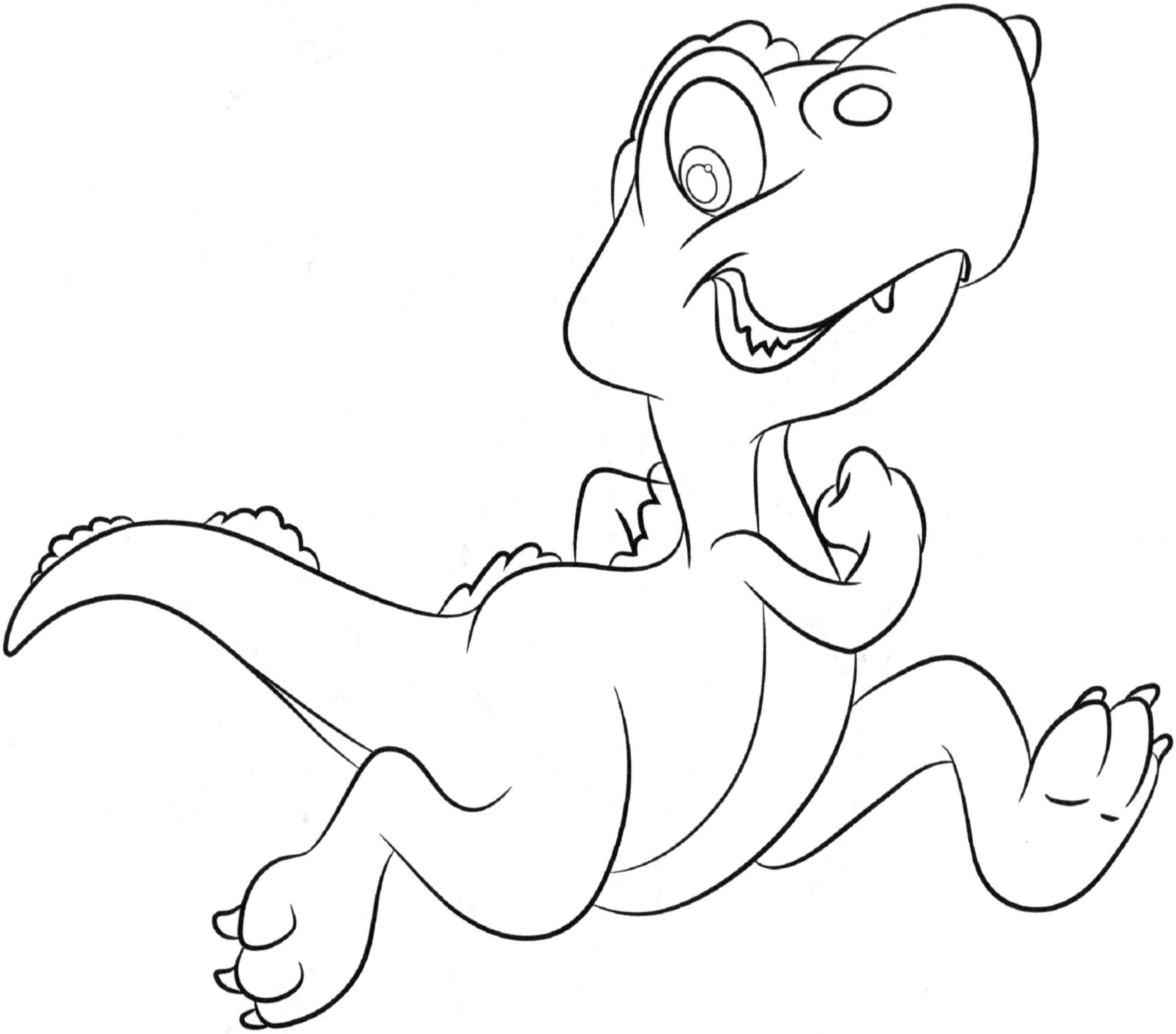

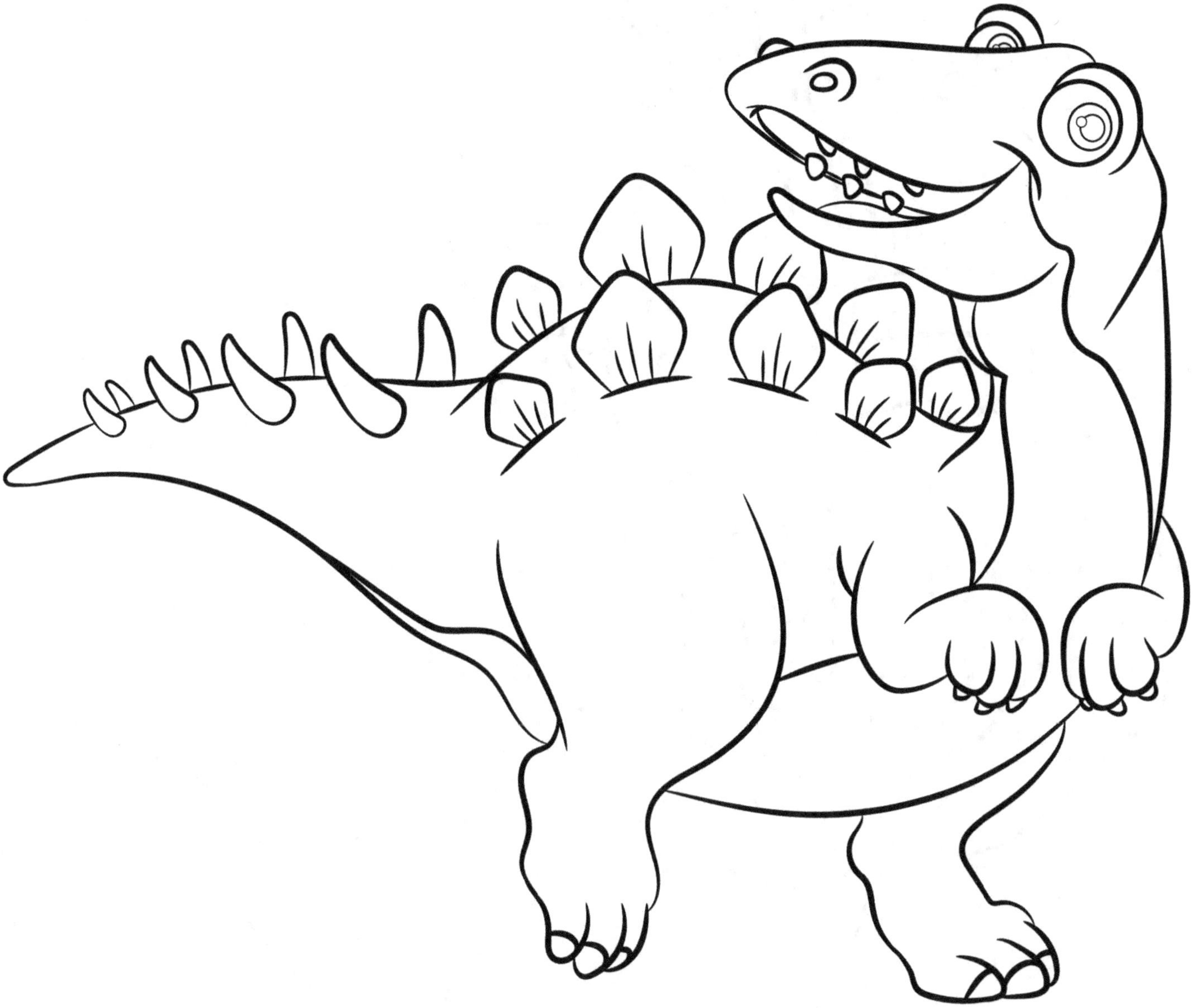

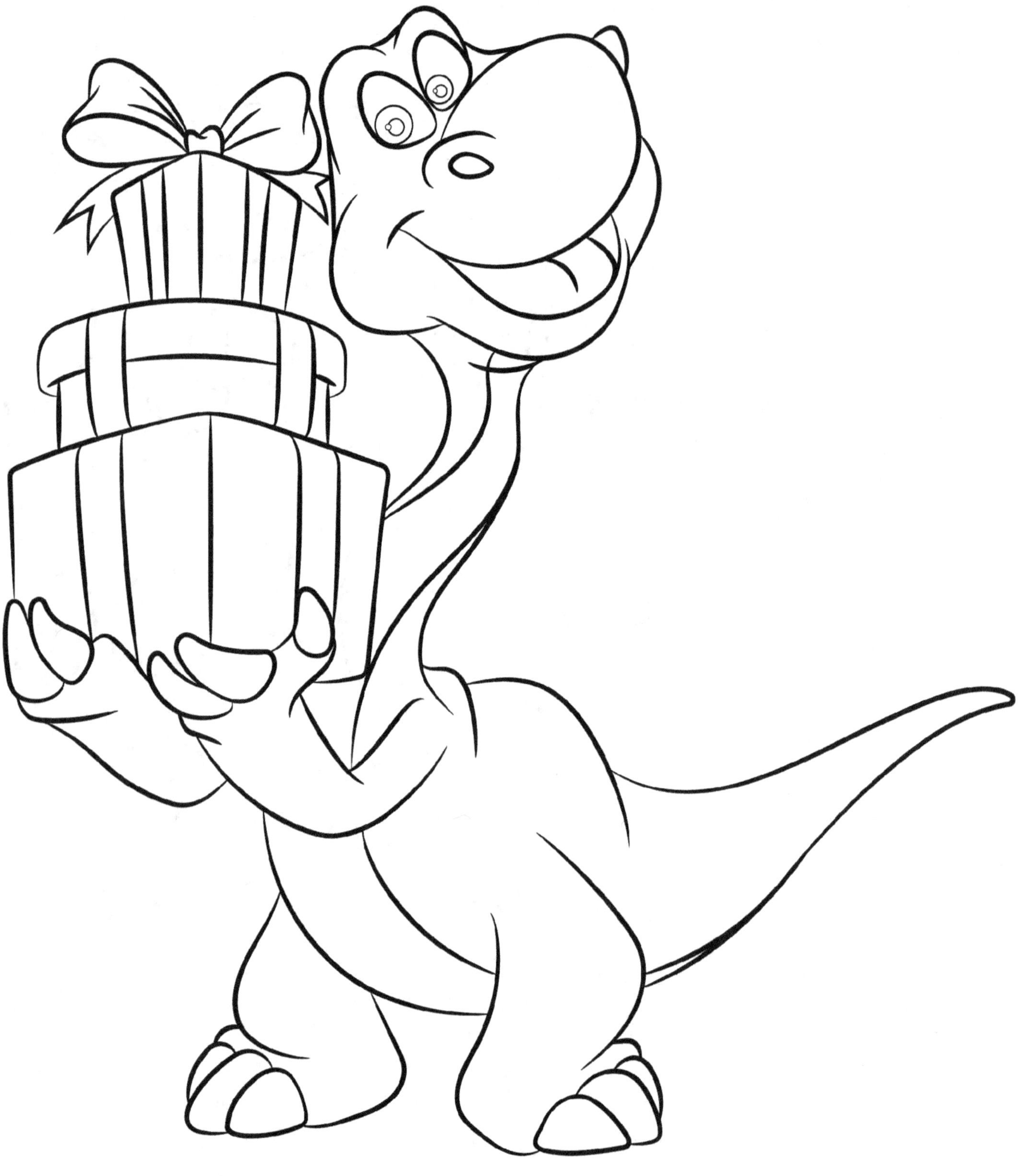

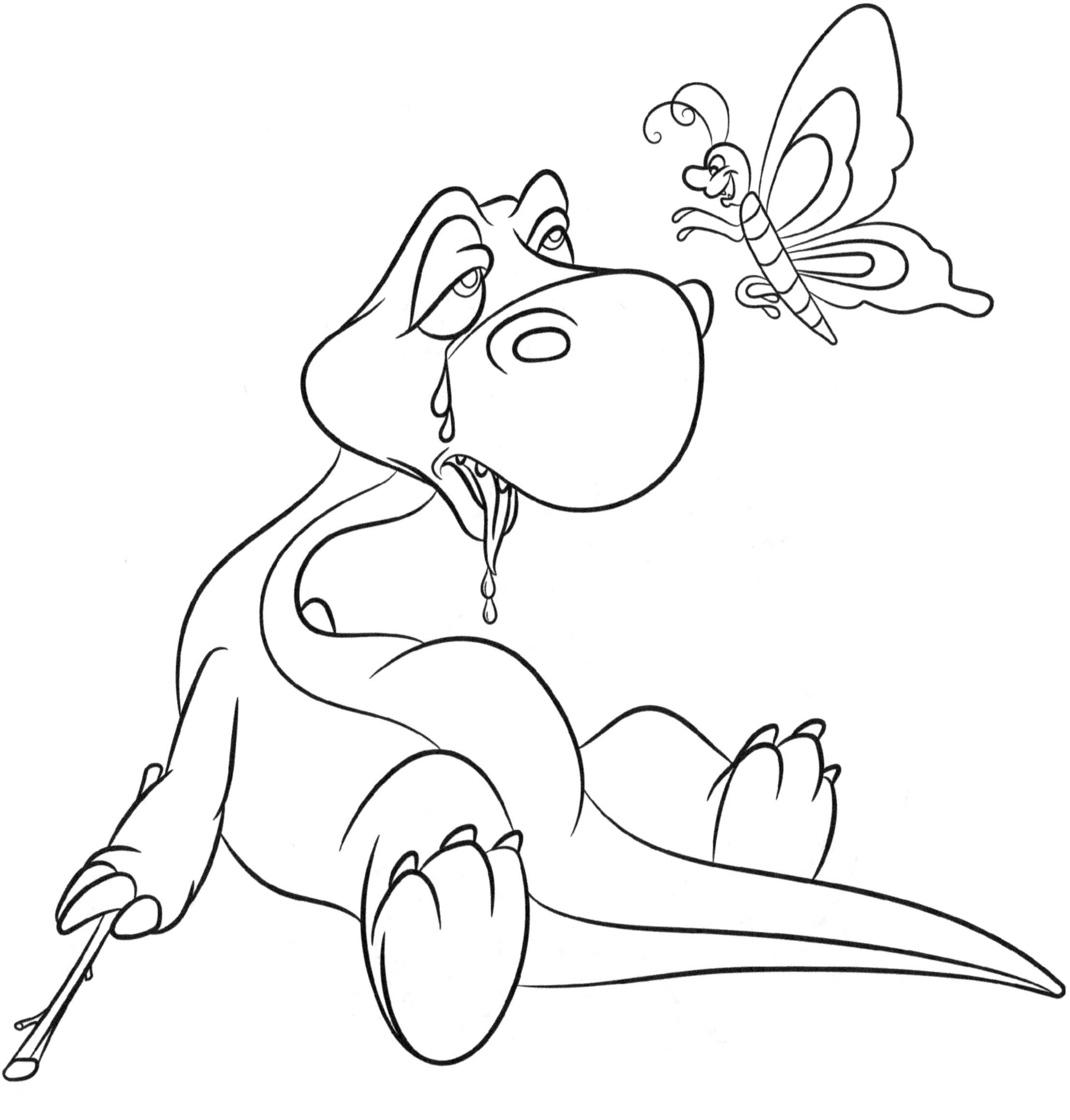

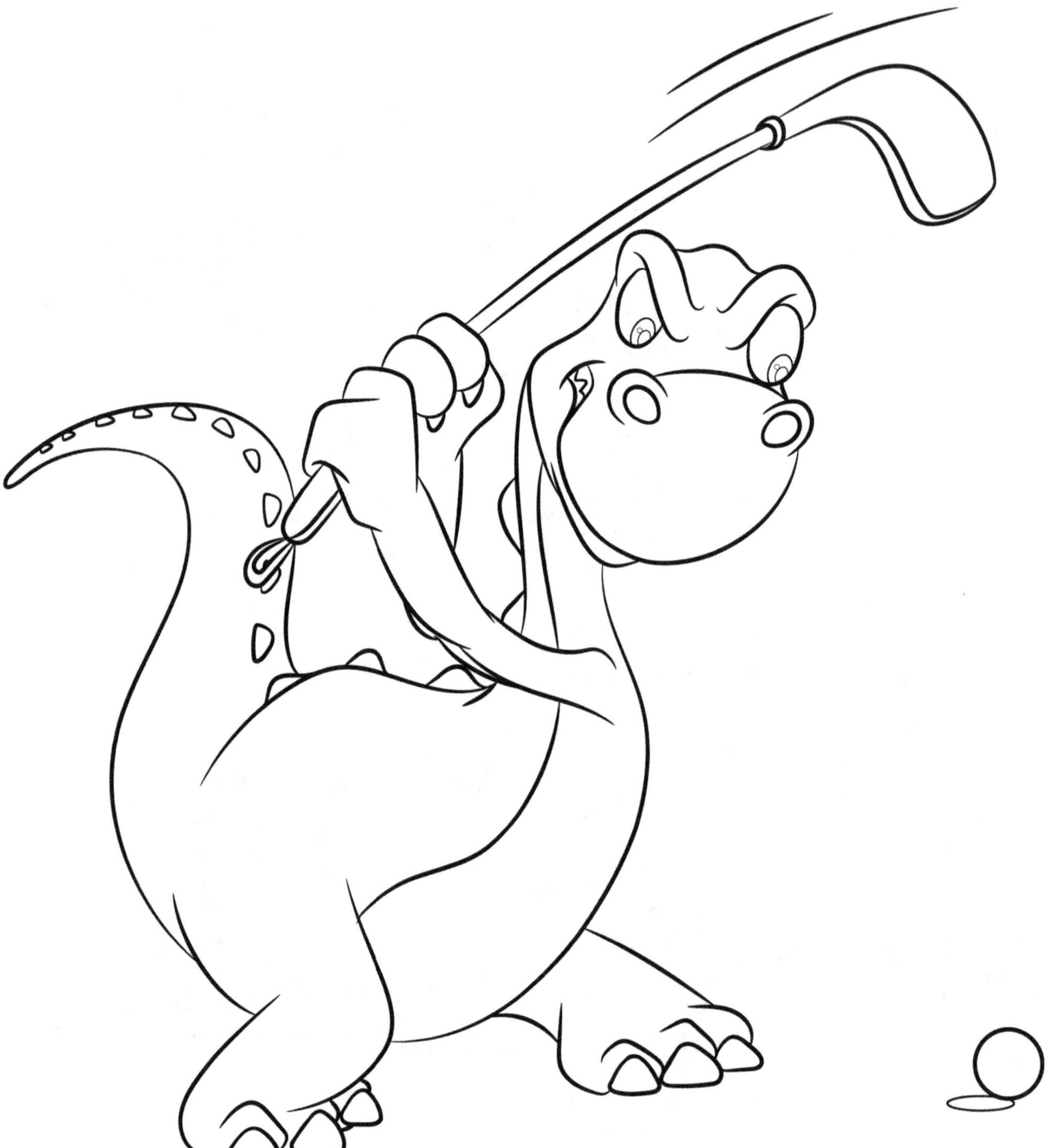

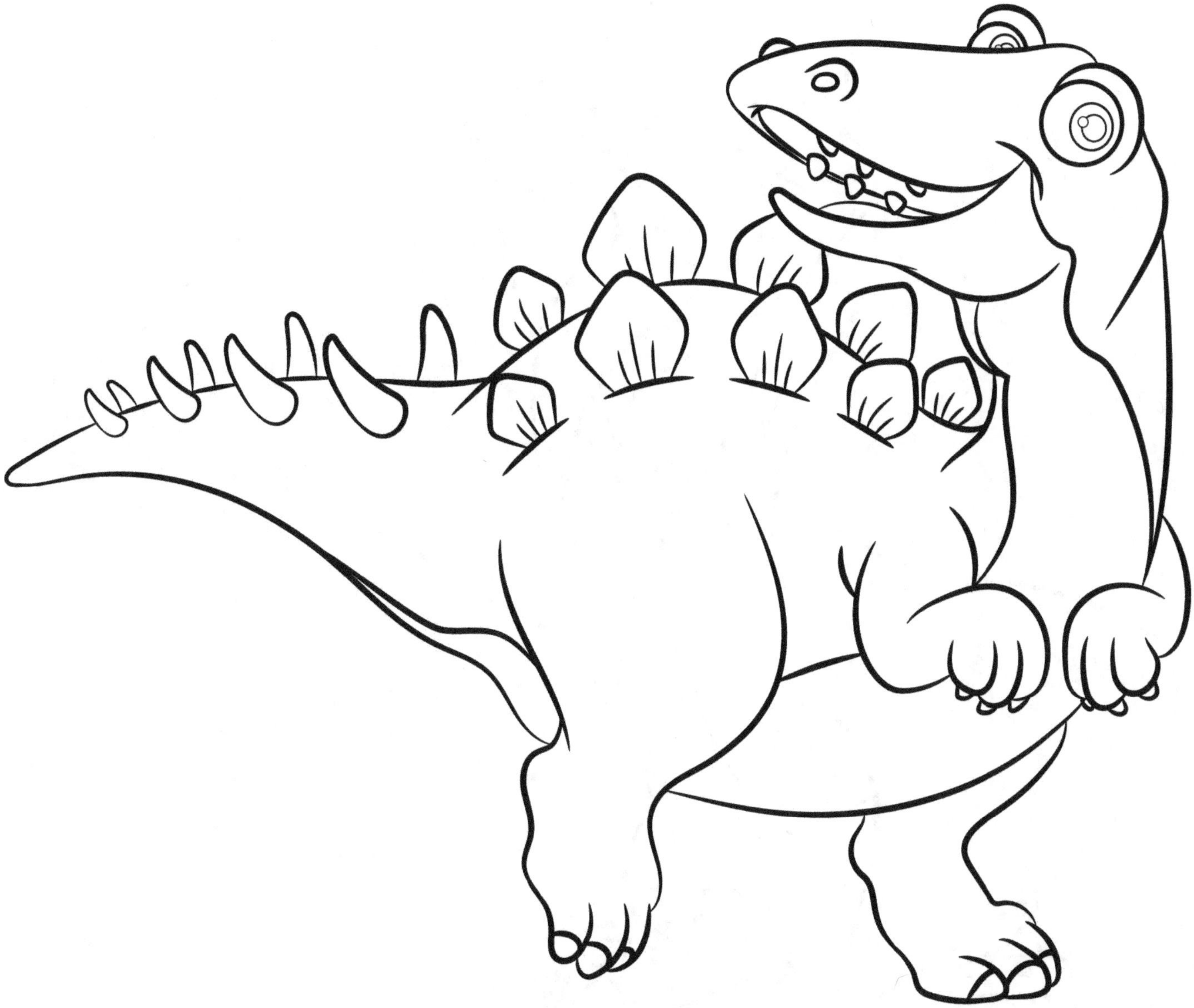

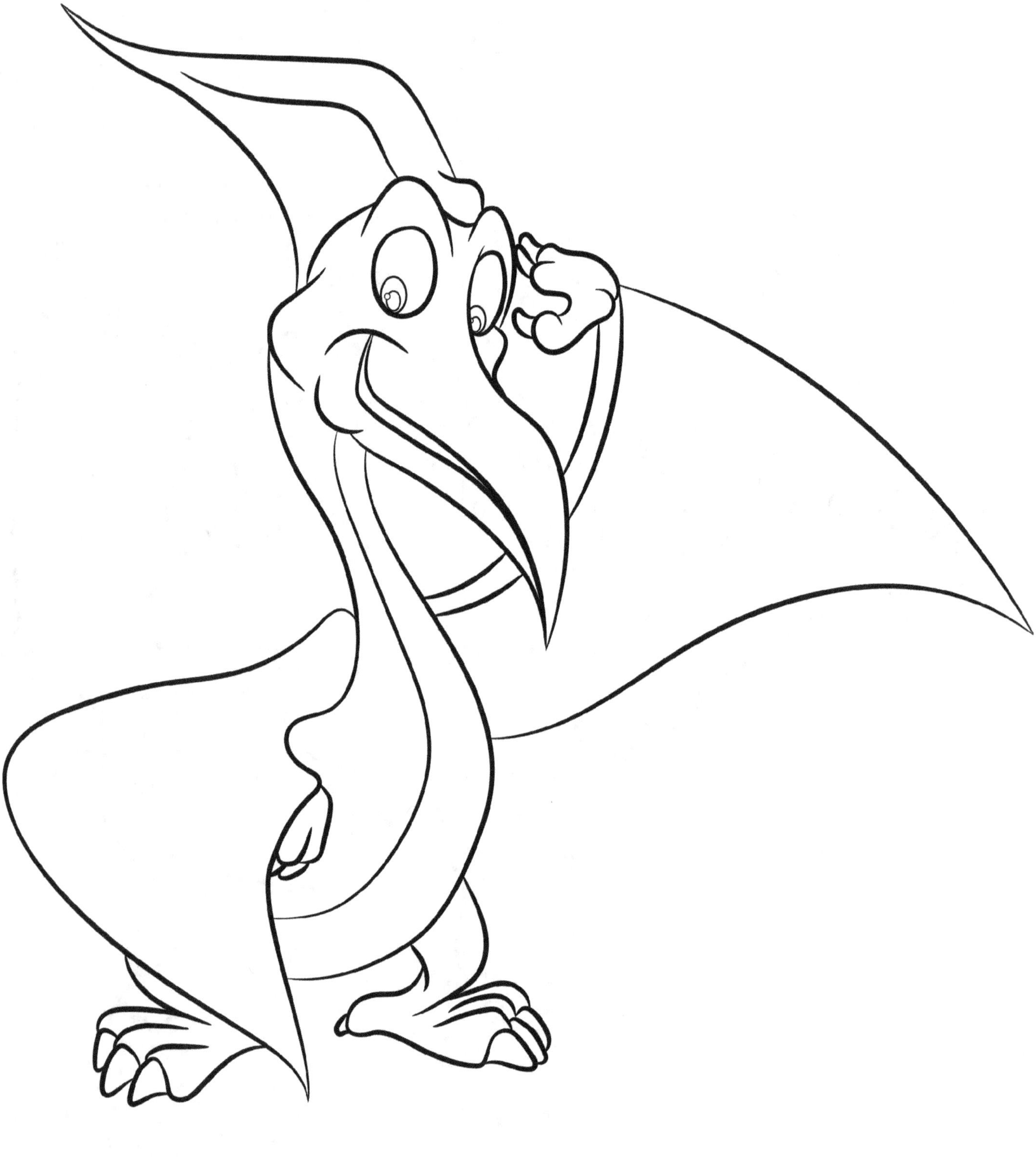

www.ingramcontent.com/pod-product-compliance
Lightning Source LLC
Chambersburg PA
CBHW081422220526
45467CB00009B/2793
* 9 7 8 1 7 1 3 3 5 9 3 6 4 *